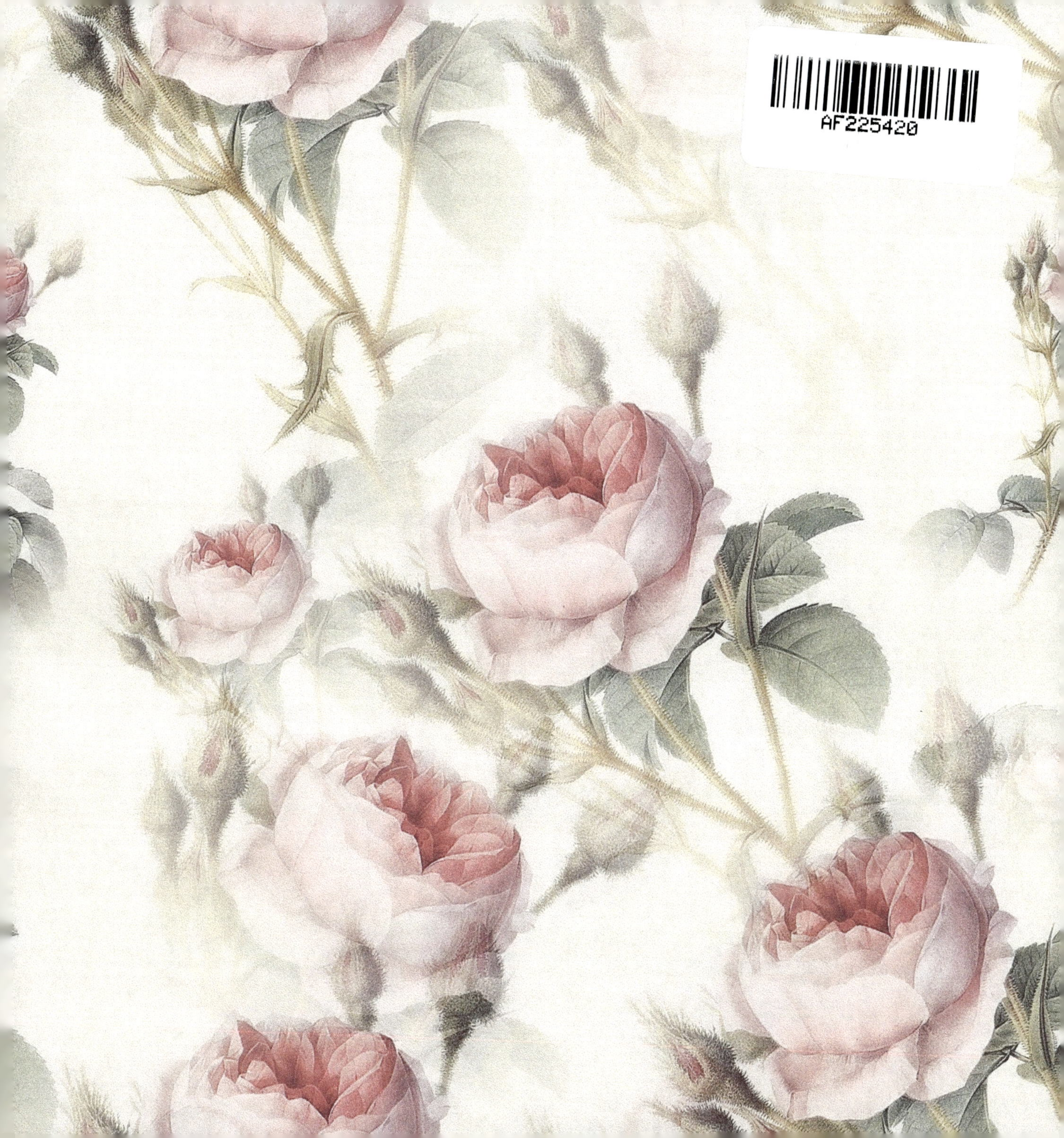
AF225420

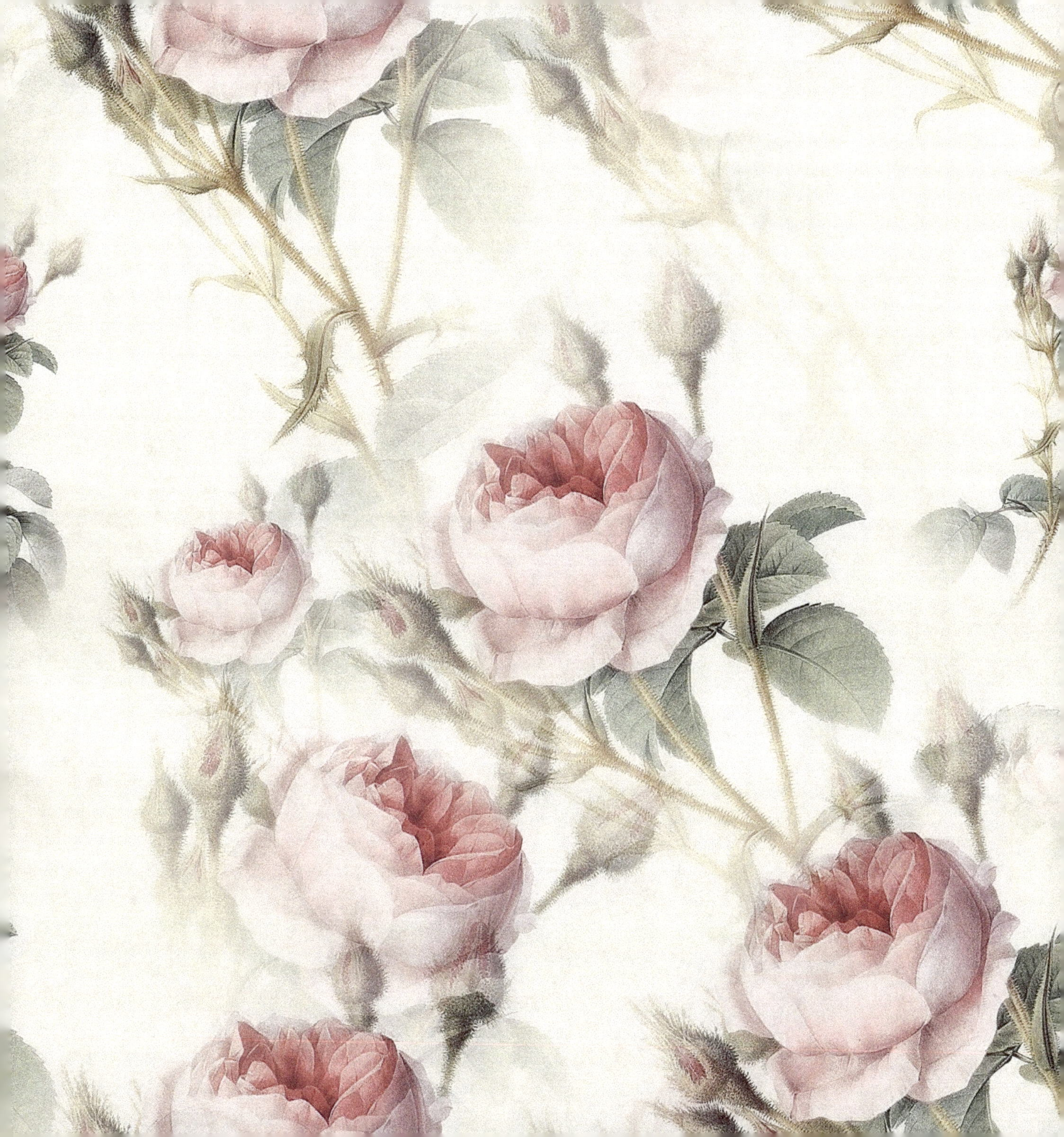

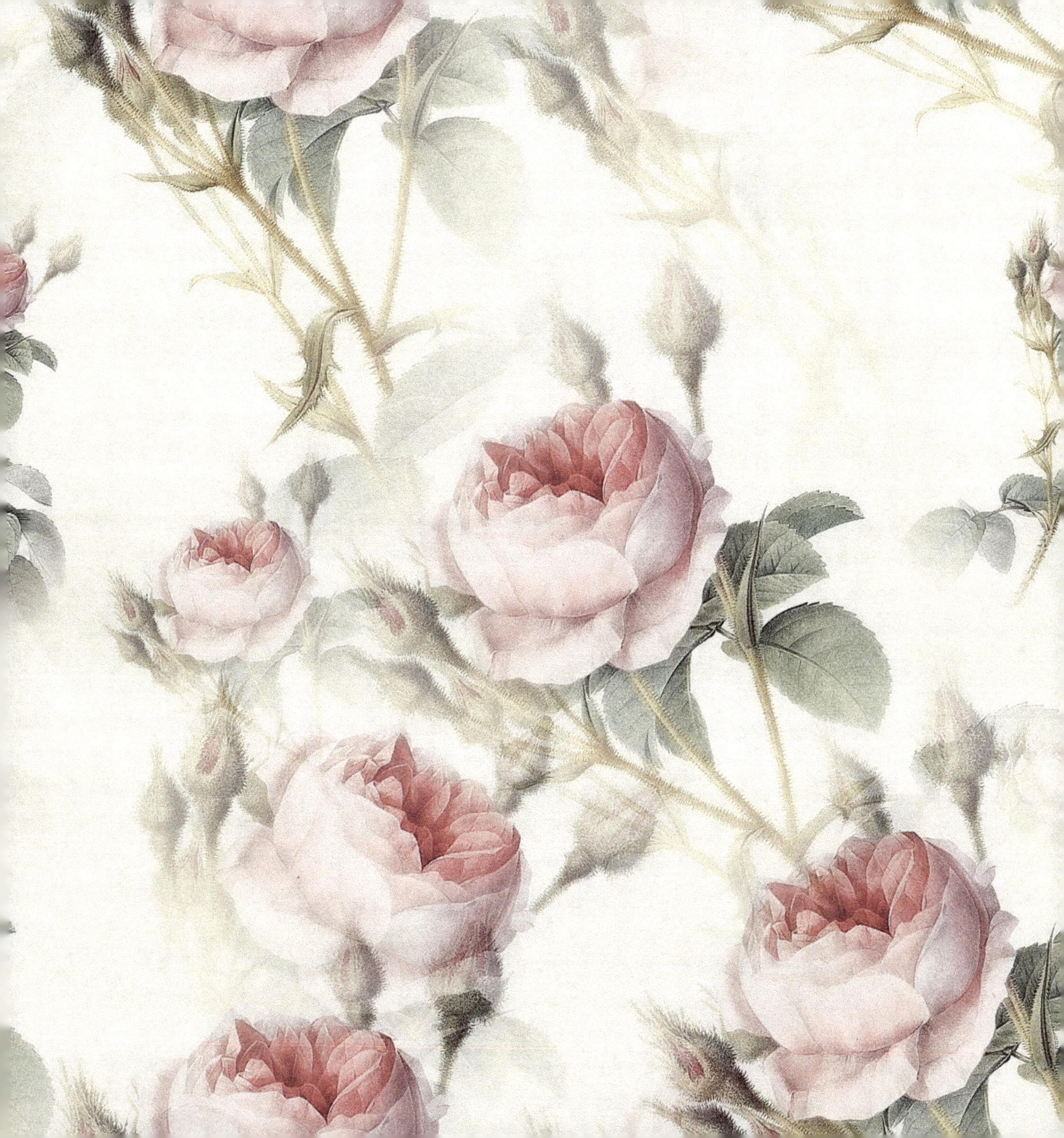

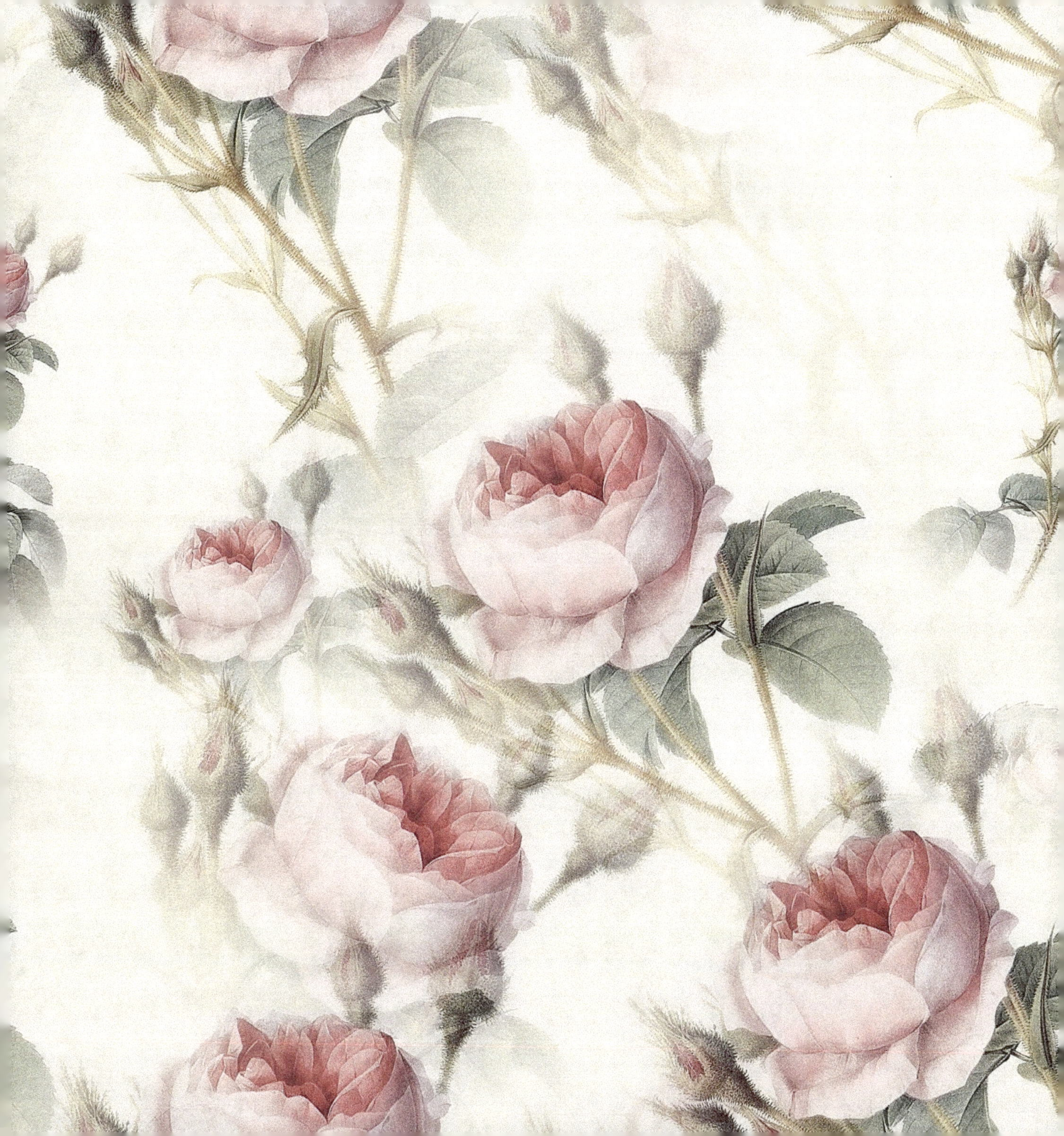

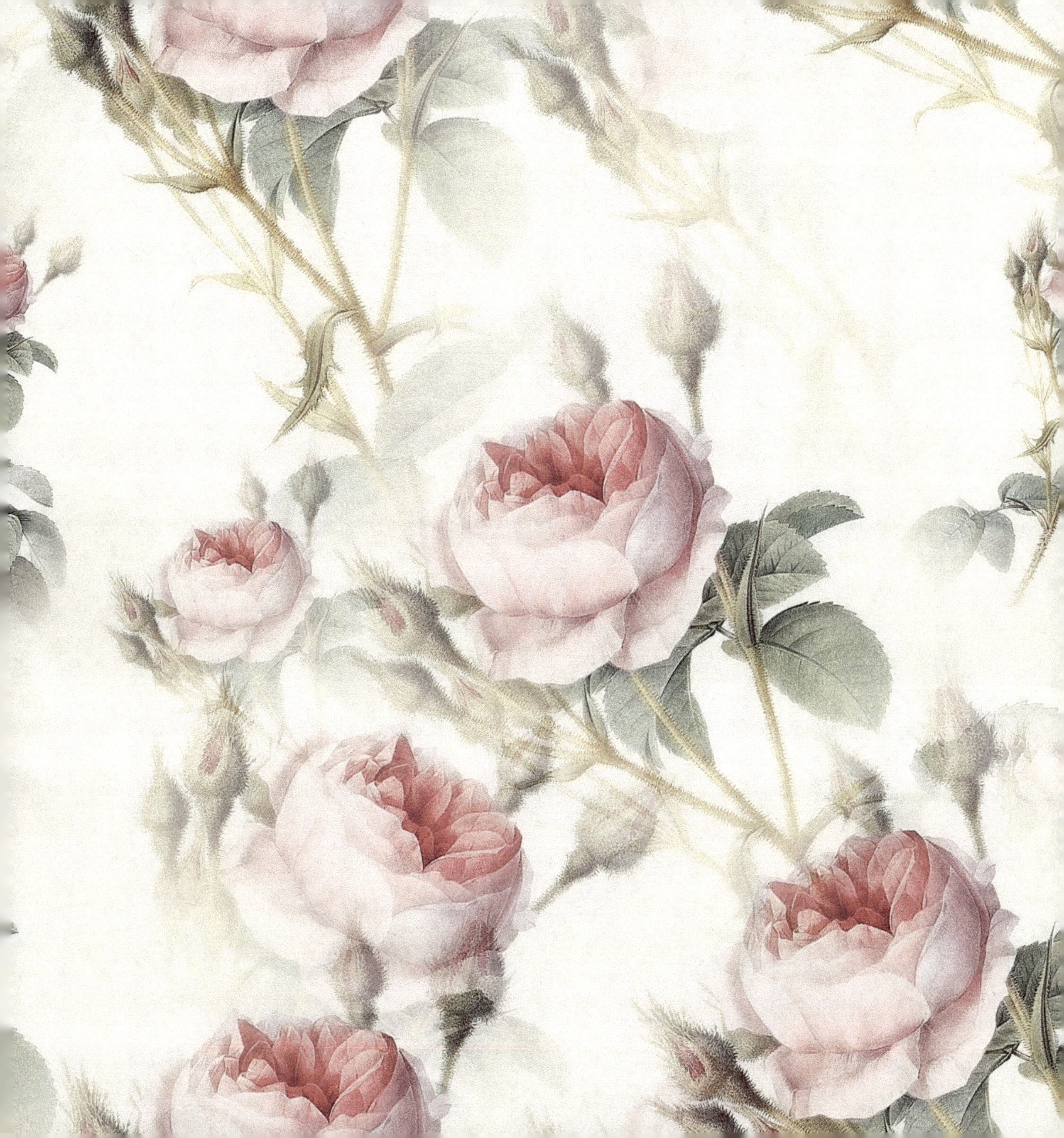

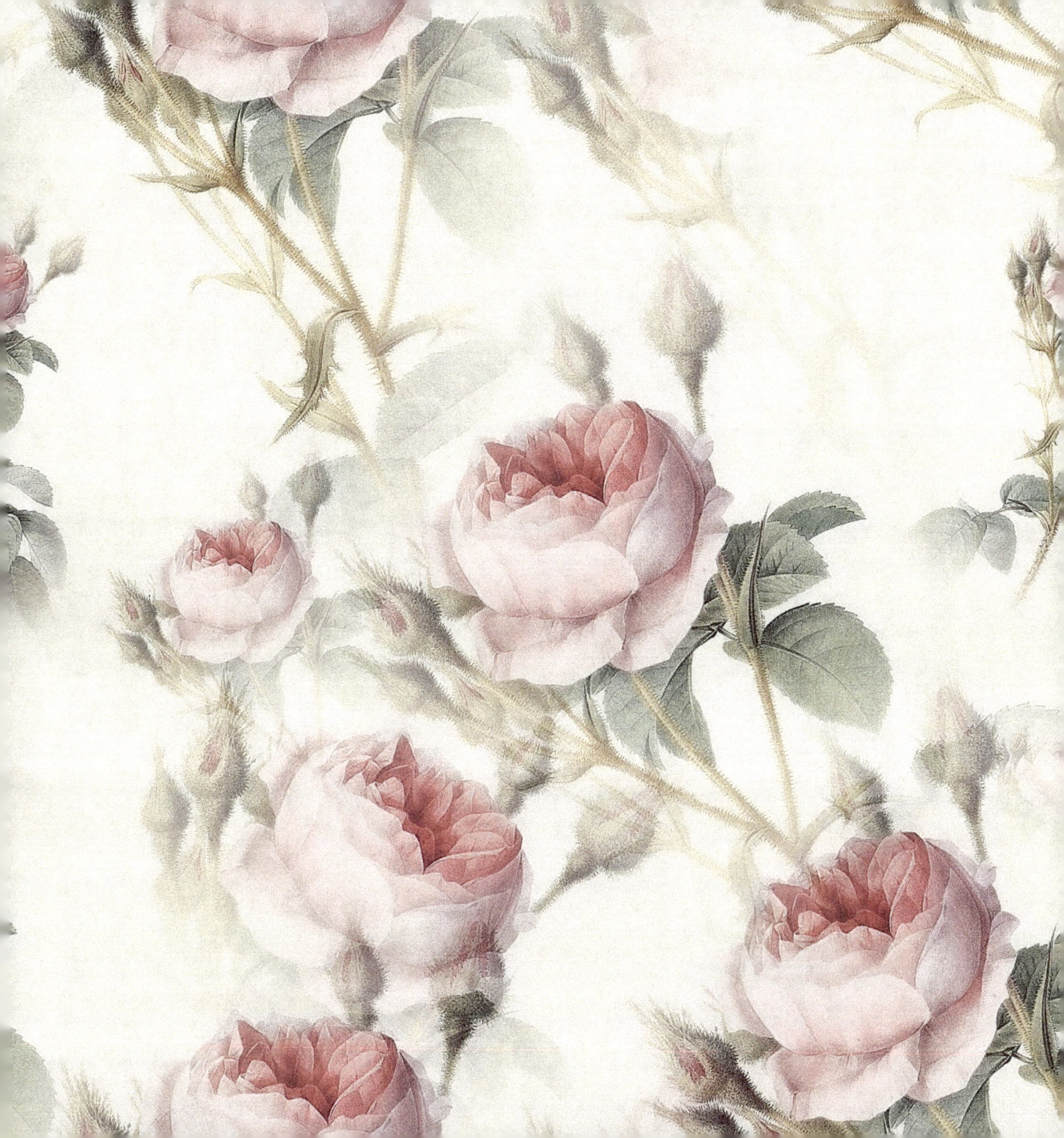

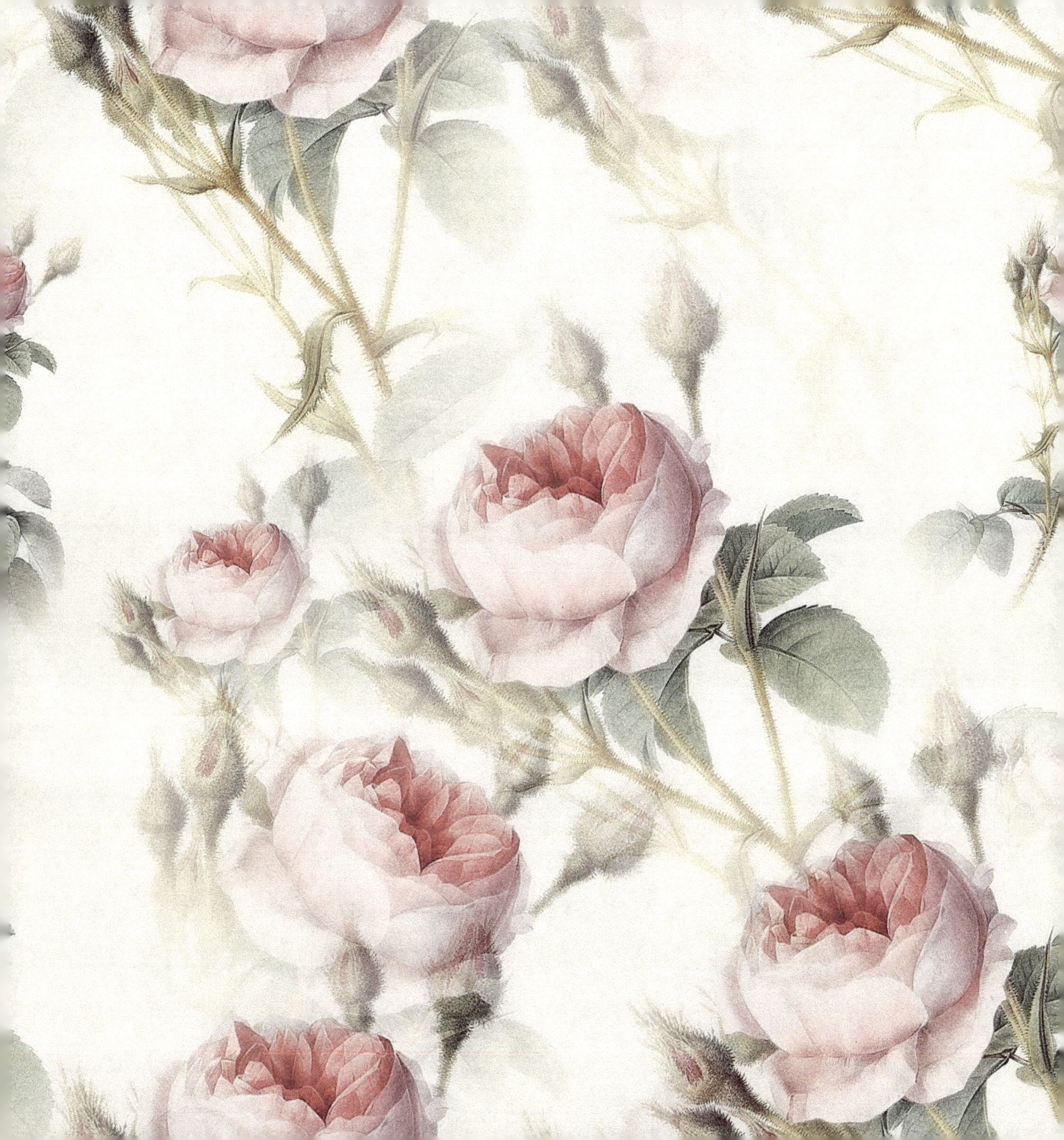

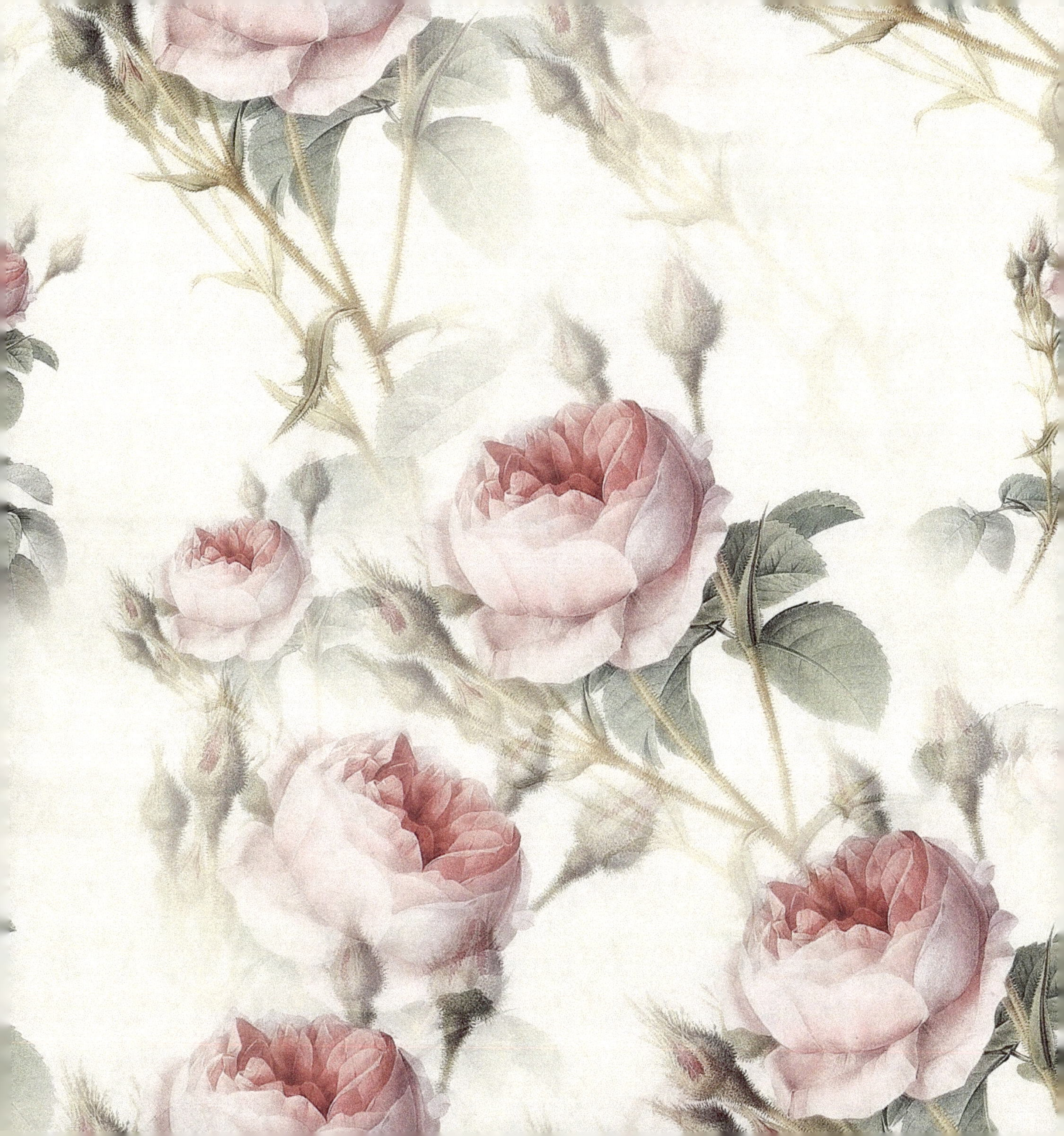

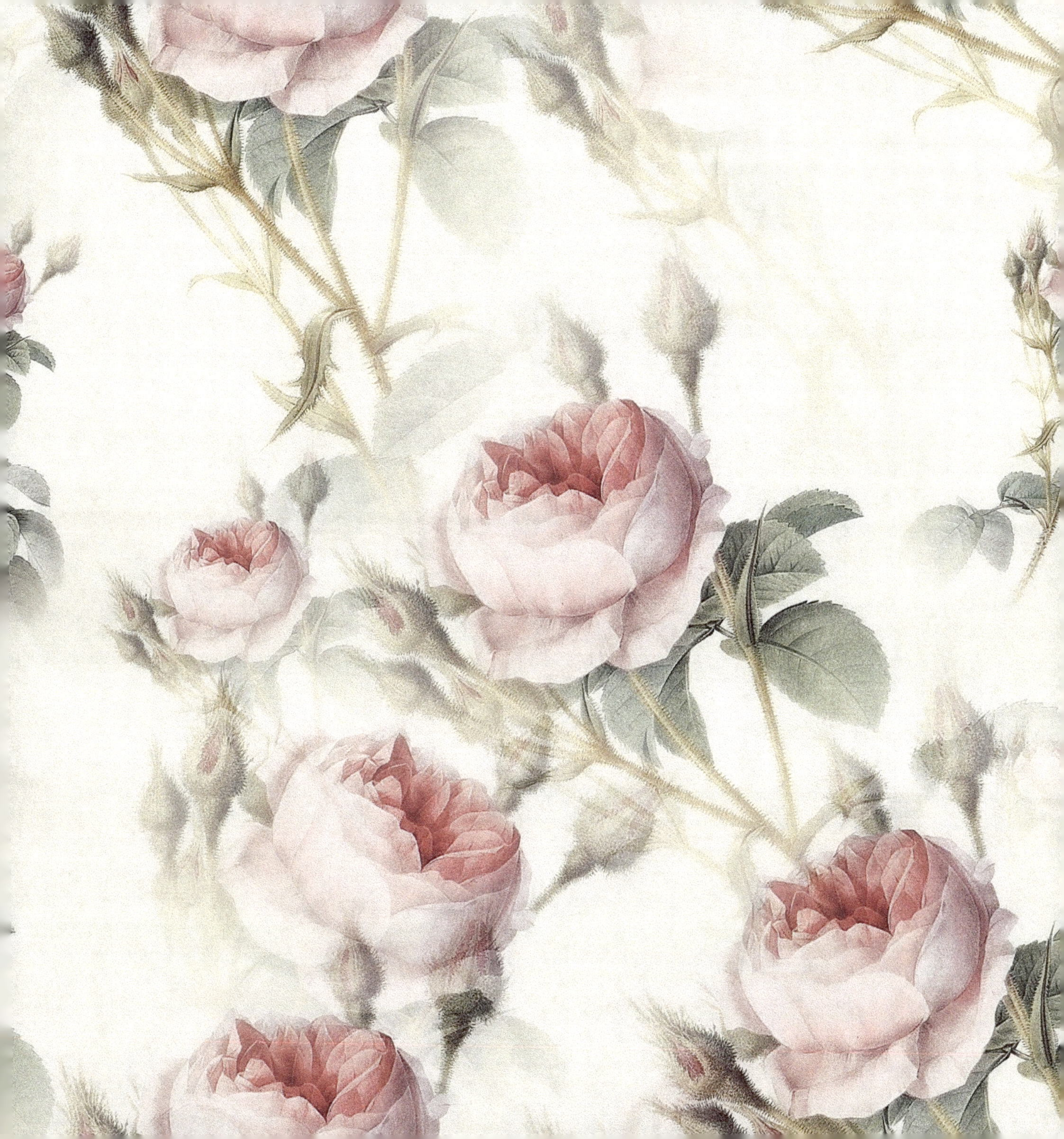

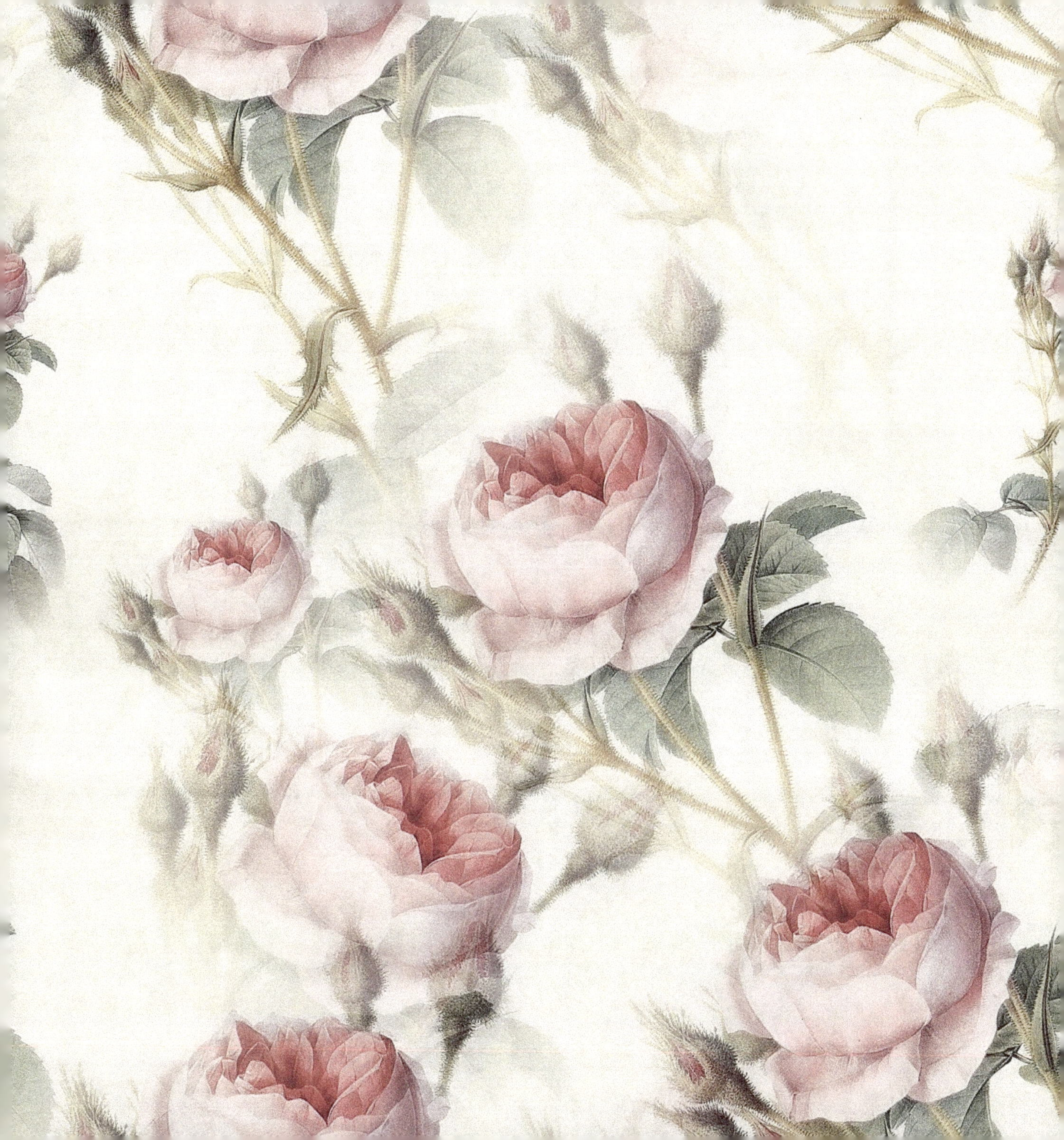

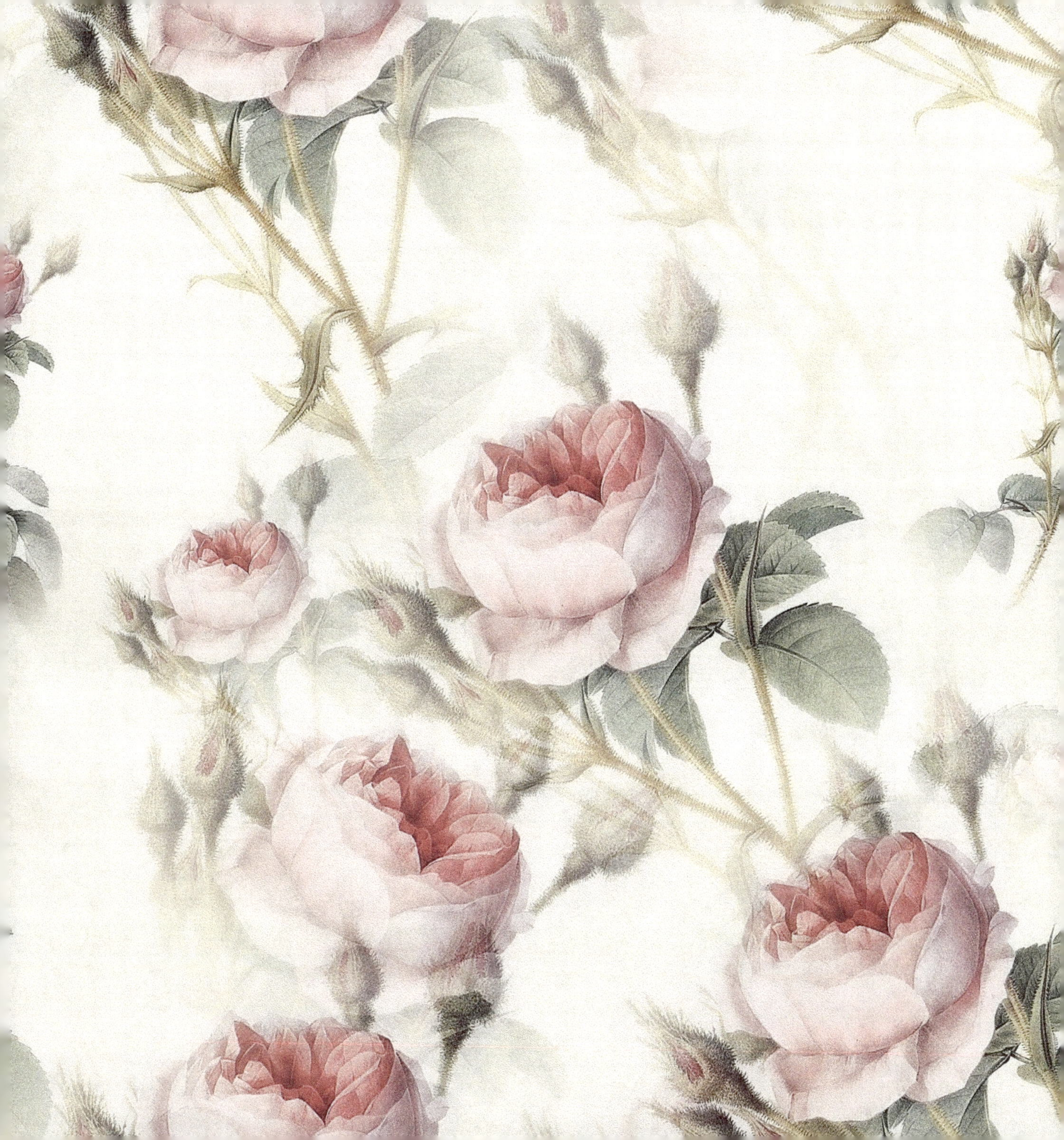

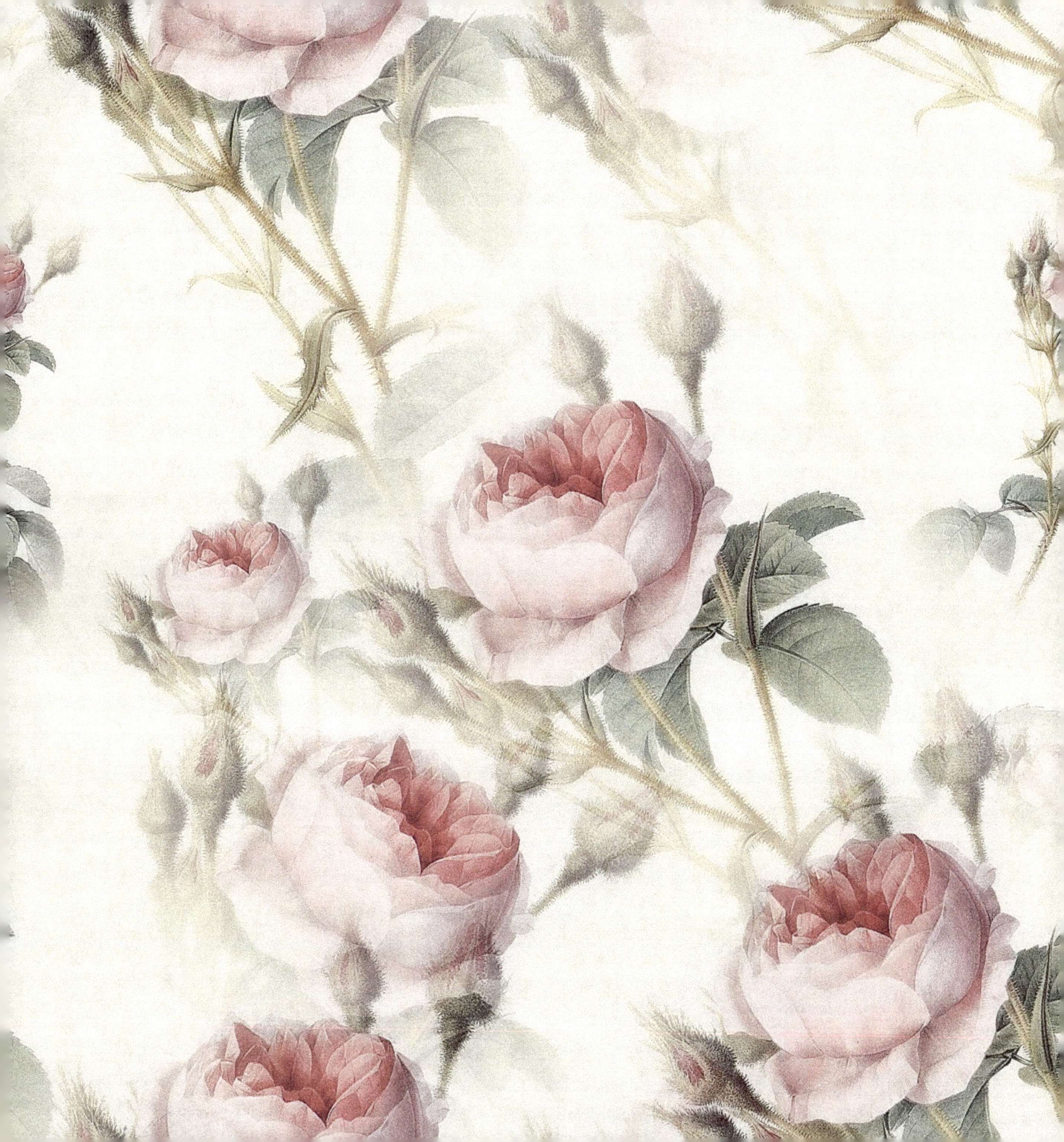